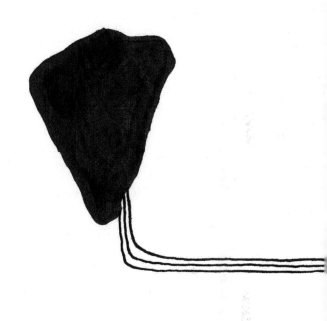

Bibliografische Information der Deutschen Nationalbibliothek

Die Deutsche Nationalbibliothek verzeichnet diese Publikation
in der Deutschen Nationalbibliografie; detaillierte bibliografische
Daten sind im Internet über http://dnb.dnb.de abrufbar.

Verlag: © 2016 eD[ITION]. CeTeRa – Eyk Henze
Postfach 50 01 55
04301 Leipzig
www.ed-cetera.de

Satz, Illustrationen und Umschlaggestaltung:
Florentine Heimbucher
Lektorat: Eyk Henze

ISBN: 978-3-944478-05-0

Herstellung: BoD™ – Books on Demand, Norderstedt

Robert Velten und Sarah Chiyad
Herausgeber

Gedichte von jetzt

Eine Anthologie

ed[ition]. cetera

Inhalt

Vorwort

Gedichte von
jetzt – ist ihre Zeit
abgelaufen?
9 — 11

Gedichte von
jetzt – und ihre
Geschichte
12 — 13

Anhang

Dank
93

Das besondere
Auswahlverfahren
94 — 97

Die Gedichte
15 — 91

Die Autoren
98 — 99

Die Jury
100 — 101

Die Wertungen
102 — 106

Die Herausgeber
107

Vorwort

Ich lade Sie ein, Gedichte zu lesen. Jetzt.

Gedichte, schön und gut, aber warum sollten Sie gerade die hier abgedruckten 50 Gedichte lesen?

Weil sie das Ergebnis einer bemerkenswerten Auswahl aus Tausenden sind. Weil sie neu sind und ein Bild zeichnen von der Poesie unserer Zeit. Weil sie Melodien sind im Rauschen der Veränderung. Weil sie persönliche Werke sind von 40 Autorinnen und Autoren aus dem gesamten deutschsprachigen Raum.

Und weil diese Gedichte von mehr als einhundert Menschen sowie einer renommierten Jury bestehend aus weiteren sieben Personen gelesen und ausgewählt wurden, damit Sie sich auf die lesenswertesten Werke konzentrieren können.

Herausgekommen ist ein breites Spektrum an Texten, in dem jeder das eine oder andere nach eigenem Ermessen unbedeutende Gedicht überlesen mag, aber auch ein paar Perlen deutscher Literatur der Gegenwart für sich entdecken kann.

Robert Velten
Münster im Februar 2016

Gedichte von jetzt –
ist ihre Zeit abgelaufen?

Es gibt sie, die neue, junge Lyrik. Sie verrottet ungehört in den Schubladen ihrer viel beschäftigten Verfasserinnen und Verfasser. „So viel Lyrik war nie", schreibt das *Jahrbuch der Lyrik* und veröffentlicht trotz 66 kg (!) eingesandter Gedichte nur eine winzige Eisbergspitze. Nur zwei Herausgeber entscheiden beim Jahrbuch, wer aufgenommen wird und wer nicht. Die Herausgeber betonen, dass sie sich fast immer bei der Auswahl einig sind – auf wundersame Weise. Aber kann man sich über Lyrik, über Kunst generell jemals so einig sein?

Alle Kunst ist Moden unterworfen, die „Epochen" genannt werden. Manche dem Vergessen. Viele gute Gedichte haben kaum eine Chance, von mehr als zehn Menschen gelesen, gehört, geschweige denn in Erinnerung behalten zu werden. Vielleicht weil sie der Mode einen Schritt hinterherhängen. Vielleicht aber auch, weil sie ihr einen Schritt voraus sind.

Aufmerksamkeit ist eine begrenzte Ressource. Selten sind die Momente, in denen prinzipiell der Lyrik zugeneigte Menschen tatsächlich ein noch nicht kanonisiertes Gedicht lesen wollen. Wie also das geeignete Gedicht zur richtigen Zeit vor die richtigen Augen oder Ohren bringen? Wie also Interesse wecken in einer Flut von um Aufmerksamkeit konkurrierenden Reizen?

Lyrik, diese hohe Ausdrucksform menschlichen Empfindens und Denkens als Gegenstand ökonomischer Betrachtung? Warum nicht?! Die Leser überlegen sich, wofür sie ihre Zeit hingeben. Gedichte konkurrieren mit anderen kulturellen, (multi-)medialen Ausdrucksformen. Da haben sie es als anspruchsvolle, eben stark „verdichtete" Nur-Texte schwer.

⟶

Aber es gibt ja Poetry-Slams. Diese Bühnen-Wettbewerbe bringen Texte unter die Leute, manche sogar überregional. Allerdings funktioniert die Auswahl anders, denn im Slam *erlebt* das Publikum ein Event. Es möchte gut unterhalten werden. „Performance" punktet vor schüchterner Zurückhaltung, sodass besonders zarte Gemüter den Auftritt auf einer Poetry-Bühne wohl tendenziell meiden. Zu Kaltgetränk, Kippe und Geselligkeit am Feierabend passen eingängige Texte und Pointen am besten, und zwar Pointen, die nach einmaligem Vortrag auch jeder versteht. Deshalb finden sich in Poetry-Slam-Beiträgen die Widrigkeiten und Absurditäten des Gewöhnlichen überproportional oft behandelt.

2013 wurde das Gedicht *one day [...]* von Julia Engelmann auf dem Bielefelder Hörsaal-Slam vorgetragen. Es war kein Gewinnerbeitrag. Und das Video dazu wurde nicht viel häufiger angeklickt als die Videos zu den anderen Beiträgen. Es stand Monate lang unbeachtet im Netz. Dann hat die Autorin, sie ist Schauspielerin, plötzlich Unterstützung aus der Medienwelt bekommen. Zeitungen machten auf sie aufmerksam und das Video ihres Auftritts wurde von vielen auf Facebook geteilt. Die Kommentare sprühten überwiegend vor echter Begeisterung. Es war, als hätte Deutschland entdeckt, dass es Poetry-Slams gibt. „Nein, nein, das ist alles nicht geplant", beteuerte schüchtern die Autorin und sang mit zarter Stimme bei ihrer auswendig vorgetragenen Darbietung Auszüge aus einem Popsong. Das Video wurde inzwischen über 7 Millionen Mal angeklickt. Selbst der Gewinnerbeitrag desselben Slams wurde, obwohl nicht beworben, nach der Kampagne 20-mal häufiger angeklickt als zuvor und erreichte immerhin fünfhunderttausend Klicks.

Aber worum geht es in dem Gedicht? Darum, dass man aus dem Quark kommen und werden soll, der man sein will. Um Party und Dopamin. Aber auch darum, mal etwas zu lesen wie die *Buddenbrooks* zum Beispiel. Das Gedicht, bestehend aus Versatzstücken anderer, trifft den Nerv der Zeit. So sehr, dass es selbst in der von ihm propagierten alternativen Lebenshaltung nicht aus den *Lila Wolken* herauskommt und einem unbestimmten und unbedeutenden Mainstream par excellence das Wort redet.

Bereits im Jahr zuvor, am 9. November 2012, schrieb die *Süddeutsche Zeitung*: „Poetry-Slams sind nicht rebellisch und innovativ, sondern durchweg gesellschaftskonform." Geht die Lyrik von heute diesen Weg? Warum nicht? Dagegen ist nichts einzuwenden. Auch Party-Lyrik ist Lyrik. Und Poetry-Slams sind Medien-Schauspiel.

Die Zeit von Gedichten ist wahrscheinlich nie vorbei. Die Zeit ihrer großen Verbreitung als Nur-Text hingegen schon. Das Problem der Aufmerksamkeit bleibt.

Gedichte von jetzt –
und ihre Geschichte

Das Verhältnis von Lyrikproduktion zu ihrer Nachfrage entspricht etwa dem Größenverhältnis des Kölner Doms zu einem Überraschungsei. Einen Film machen oder eine Symphonie komponieren kann nicht jeder. Aber Worte machen, das lässt sich schnell mal probieren. Dafür braucht es nicht einmal Stift und Papier, weder Computer noch Handy. Deshalb wird Lyrik als künstlerische Ausdrucksform von vielen über Jahre hinweg entwickelt oder es zumindest versucht.

Was glauben Sie, wie viele meiner Freunde gelegentlich Gedichte schreiben? Und wie viele Dichterinnen und Dichter versuchen, ihre Gedichte zu veröffentlichen? Denken Sie an die 66 kg Zuschriften an das *Jahrbuch der Lyrik*!

Die Lage für viele Lyriker ist durchaus frustrierend. Und das war die Ausgangslage für diese Anthologie. Einer der Frustrierten, ein Freund, fragte mich, wie er seine Gedichte publizieren könnte. „Es muss doch gehen", sagte er. Bei einem Eis im Kreuzviertel von Münster sinnierten wir darüber im Abendlicht. „Gedichte veröffentlichen? Sinnlos! Dem Leser ist es nun mal nicht zu verübeln, dass er seine Aufmerksamkeit einer fremden subjektiven Auswahl entzieht", dozierte ich. Ich selbst hatte kein Interesse daran, Mühe in Gedichtpublikationen zu stecken, aber mein altkluges Geschwätz nervte mich. Als Ausweg kam mir die Idee zu *Gedichte von jetzt*. Es ist besser, eine Idee zu haben und zu handeln, als anderen zu erzählen, dass irgendetwas nicht ginge. Ein neues Auswahlverfahren sollte her.

Viel Zeit floss in das Lyrikprojekt. Zwischenzeitlich hieß es *Lyrik now*. Ich ließ mich, zumindest bis zu meiner juristischen Reaktion darauf, von Internet-Trollen ausschimpfen.

Die wollten nicht, dass sich ihre kleine Lyrikwelt ändert. Ich investierte Zeit und Geld in dem Wissen, dass sich die Aufwendungen nicht amortisieren werden: Selbst etwaige Tantiemen stünden in keinem Verhältnis zu ungescheuten Kosten und Mühen im Vorfeld. Dennoch, ich rief Freunde aus der Kultur- und Medienbranche an, um eine Jury zusammenzustellen. Einer von ihnen sagte: „Okay, ich mache mit, aber nur, wenn Du selbst auch Gedichte einreichst." Drei andere sagten zu und verpassten drei Fristen, sodass sie letztlich ersetzt werden mussten. Als die Jury zusammengestellt war, musste Werbung gemacht werden. Die eingesandten Gedichte mussten anonymisiert und für das Verfahren mehrmals verteilt werden. Heraus kam ein Manuskript, das noch keinen Verlag hatte, aber eine Auswahl neuer Gedichte aus dem ganzen Land bot … und bietet.

Manche finde ich richtig gut. Bei anderen frage ich mich, wie sie die Auswahlschritte passieren konnten. Aber subjektiv ist eben nicht gleich objektiv: Niemand wird wohl alle Gedichte gut finden. Man liest, was andere gut finden. Und warum finden es andere gut? … Aha. … Lyrik braucht Zeit, auch wenn sie von jetzt ist.

Geben Sie, liebe Leserinnen und Leser, der nachfolgenden Lyrik eine Chance, Sie zu begeistern. Dann geht die Geschichte weiter. Die Gedichte wollen nicht die Welt verändern, wollen auch nicht die Welt überdauern. Aber eines wollen sie mit der Welt, nämlich beschreiben, wie sie ist: subjektiv und vielstimmig.

Die Gedichte

Hans-Werner Kube

bin ich

mein gewandeltes Ich
ein Gelassener im Stich
ein Bürster gegen den Strich

ein störrisches Kind
ein komischer Greis
ein Mantel im Wind
eine Kuh auf dem Eis

ein Seitenwechsler
ein Reimedrechsler
ein Floskenhäcksler

ein Versehalter
ein Sprachespalter
ein Frei-Schalter und -Walter

ein Wortspieler
ein instabiler
Strophendealer

ein Silbenfischer
ein Sinnmischer
ein Augenwischer

ein An- und Absatzbilder
ein ausgesprochen milder
zahmer Kleinstadt-Wilder

**Peter
Borjans-Heuser**

Malte

„Du, ich stehe hier im Zug nach Essen.
Sag der Karin gleich noch vielen Dank!
Ihre Suppe kannste echt vergessen.
Malte wirkte heute richtig schlank.

Meine Güte, ist hier ein Gedränge!
Holst Du mich um vier vom Bahnhof ab?
Ja, die Feier zog sich in die Länge.
Malte brachte sie dann schwer auf Trab.

Nö, Verspätung ham wir diesmal keine.
Das war grade Duisburg Hauptbahnhof.
Hier im Zug fühl ich mich so alleine.
Malte fand ich früher richtig doof.

Diese Fahrerei ist superteuer.
Morgen muss ich wieder ins Büro!
Nach dem Führerschein bin ich am Steuer.
Malte hatn Porsche-Cabrio.

Ich kann einfach nix zum Sitzen finden.
Heute ist es wieder rappelvoll.
Tampons mag ich nicht, ich steh auf Binden.
Malte findet meine Beine toll.

Was die Karin alles fürn Mist hat!
Doch das Tanzen war so richtig geil!
Rate mal, wer mich dabei geküsst hat!"
„Malte!", brüllt das ganze Zugabteil.

**Horst
Decker**

Justitia

Den Kopf voller Bilder,
die keiner gern sieht,
warnende Schilder,
dass Schlimmes geschieht.
Das Bild einer alten
und kraftlosen Frau,
ihr Gesicht voller Falten,
die Haare ganz grau.
Die Hände, sie zittern,
der Waagbalken schief,
die Schalen in Splittern,
die Rechte hängt tief.
Ihr Sockel aus Erz
ist längst schon marod,
die Klinge des Schwerts
vom Rosttod bedroht.
Es gab zwar die Pflicht,
ihr beizusteh'n,
doch die Wahrheit ist schlicht,
man lässt es gescheh'n.

Sternstunden

Für R., deren Schatten ich mit Schuhen betrat

Unter den Sternen
Des großen Wolfs
Strickst du mir Socken

Mit knurrenden Handgelenken
Gesträubten Nadeln
Wolfsfarbener Wolle

Einsam im Mondlicht
Dass keiner dir
Auf den Wolfsschatten tritt

Zieh sie mir an
Bevor der Sargdeckel zuschnappt
Sonst muss ich die Zehen

Aus der Erde strecken
Nacht für Nacht
Wie aus der Socke bei der Anprobe

→

**Esther
Ackermann**

Als du meine Zunge fraßt
Die den Stein vor deinem Herzen
Leckte

Als du meinen Mund fülltest
Mit Gebell und salzigem
Geheul

Zieh sie mir an
Der Botin
Dass sie ohne Schmerz über die Glut

Deines Hexenfeuers läuft
Durchs kalte Jenseitsfeld
Über dem die Sterne aus sind

Zu deinem Rudel das
Von der anderen Seite des Himmels
Dich mit blinkenden Augen ruft

**Gabriele
Busse**

mai

es pfingstet
weihnachtsflieder
im wunderwöhnen monat frei
für unser frühstes stück
augenblicksgebäck

es lercht schon
liebeswieder
aus neuen hellen händen
ganz unerhört um zwölf uhr früh
in meine maianatomie

es blaut und bluht und widerflammt
das phallusfieber
um vögelfrei und unverstöhlen
im zwischentrunknen bettgefieder
einen monat nachzuhöhlen

Joachims Hose

Wer auf Joachims Hose
besorgte Blicke lenkt,
entdeckt, dass sie so lose
am Jungenarsche hängt.

„Warum", so fragen Laien,
„hängt bloß der Schritt am Knie?
Will er sich wohl kasteien,
sich strafen irgendwie?

Das ist doch unbequem
und sieht bescheuert aus!
Was ist nur sein Problem?"
Wir finden es heraus!

Es sieht so aus, als stehle
die Hose sich davon,
geht Knien an die Kehle,
erreicht den Rubikon.

Sie darf nicht weiter sinken,
weil dann der Würfel fällt.
Man sieht den Arsch schon blinken
und betet, dass sie hält.

⟶

**Peter
Borjans-Heuser**

Und nichts füllt in der Mitte
Joachims Vakuum.
Vom Gürtel bis zum Schritte
schlabbabbert alles rum.

Betrachten wir die Chose
in diesem Punkt genauer:
Auf halbmast hängt die Hose –
Joachim ist in Trauer!

Nach menschlicher Empfindung
verrät das Ganze doch
den stummen Schrei nach Bindung:
„Zieht meine Hose hoch!"

Wir woll'n ihn nicht bedrängen
und brechen nicht den Stab.
Bleibt seine Hose hängen?
Davon hängt alles ab.

Penelope, oder: Der letzte Mensch

      Sie saß da und strickte.
            Sie saß da und strickte an ihrem Tod.

Die Winde haben ihr Haus über die Berge getragen.
Die Fenster zerschlugen
    in drohender Gebärde.
Der Fußboden beugte sich über ihren
    uralten Körper –
sie verneinte diese träge Umarmung.

      Und sie blieb sitzen.
         Sie blieb sitzen und strickte.

Die Stricknadeln verfingen sich in ihren Haaren
    rissen sie aus,
       verliehen ihr das Antlitz einer Ungeborenen.

Die Wolle verfing sich in ihren Schnürsenkeln,
    rissen sie vom Stuhl,
    rissen sie zu Boden.

      Und so lag sie da. Hilflos, wie neugeboren.
      Und so lag sie da und strickte,
            strickte an ihrem Tod.

                        →

**Sonja
Matuszczyk**

Die Wölfe schlugen die Tür ihr ein
und
nahmen ihre Wolle.
Sie
nahmen ihr die Wolle
in einer Blutrünstigkeit,
in einer Kaltblütigkeit,
die die Welt noch nicht gesehen.

Und sie blieb.
Sie blieb sitzen.

Der Tod ist etwas Unmenschliches,

dachte sie.

Nein,

dachte sie,

ich möchte nicht sterben.

Und genau an diesem Tag hörte sie auf.
Sie hörte auf zu stricken.
Und starb.

Dirk-Uwe Becker

sommer nachts traum

asphalt schwitzt hitze
in den arkaden
schmelzen die käfer
rücken an rücken
ihre chitinpanzer
in die gosse

ein glas wasser
für das kamel
an tisch drei hechelt
eine dame dem kellner
das menü aus der karte
salat al dente
mit schmelzkäse
der sich durch den
nachmittag zieht
lang, ganz lang
die glattrasierten beine
umflattert unschuldig weiß
ein minirock marilyns schenkel
altes fleisch dörrt
unter neuem outfit

der abend frisst die glut
aus dem pflastersteinkarree

Poesie-Piraterie

Wenn einer sich aus anderen Werken das Beste klaut,
sich ein Elixier aus Kreativität von Fremdautoren braut,
die geilsten Verse woanders abschaut,
ungehindert exzerpiert und sie in seinen Text baut,
ungeniert kopiert,
dann nennt man das Poesie-Piraterie.
Fahrtkostenspesen für etwas, das schon mal da gewesen.
Lyrische Zeilen kann man nicht leihen.
Und Textdiebstahl nicht verzeihen.
Plagiat statt Unikat, garniert mit einer Fremdzutat.
Kopie statt Genie, mit 'nem Schuss Ironie.
Dreh dich nicht um ...
Schau, der Ideenraub geht um ...
Steht dann ein Dichter vor dem Richter,
weil er an geschützten Gedichten schraubt,
Goethe, Schiller und Lessing(, Krämer, Ruppel und Strübing) zusammenklaubt,
Kollegen ihre verfassten Passagen raubt,
betreibt so ein Möchtegern-Poet,
der, was er klaut, noch nicht mal versteht,
im großen Stil Poesie-Piraterie,
dann nennt man das (Poesie-)Kleptomanie.
Solche Diebe sind Härtefälle,
basteln nicht an der eigenen Baustelle.
Reime stehlen, Intention verfehlen.
Dagegen muss das Gesetz strikt vorgehen,

⟶

Michael Stauner

Poesie-Piraterie ist kein Kavaliersdelikt!
Auch wenn der Übeltäter die Worte schön tuntig präsentiert,
in Johnny-Depp-Jack-Sparrow-Manier schön smart,
die Bühne ist kein Pier,
der Texträuber zwar Pirat,
aber kein Verlegerkapitän.
Also kriegen wir ein Problem.
Was unterscheidet Lügenmärchen von Fabeln?
Schon Münchhausens Taten und Äsops Gedanken waren nicht justiziabel,
überschritten aber nie gewisse Schranken,
sonst wär' Sklave Äsop schnell tot gewesen.
Dann hätten wir heute keine Fabeln zu lesen.
Schreiben ist des Stummen Brot,
Klauen ist des Dummen Not.
Leute, ich bilde mir das nicht ein, es ist keine Phobie,
sie existiert, die Poesie-Piraterie!
An all die schwarzen Schafe:
Ihr erhaltet eure gerechte Strafe.
Bin gespannt, wie ihr Zeilendiebstahl beim Weltgericht legitimiert.
Ob Gott da nachsichtig ist oder ihr eher den Dichterhimmel verliert?
Schließlich hat er schon Moses die 10 Gebote diktiert.
Gott war ein Poet – und dem werden ständig die Worte verdreht!

Michael Zoch

Stand Jetzt

vom september überdacht
ein esslöffel wind
schmelzende klaviere
der verwahrloste mond
in einem roten jutebüstenhalter
die 16-jährige göre
mit herrlich dummem gesicht
aus dem beton wächst wildes fleisch
die farbe der autos und busse verstummt
in der feindlichen luft
vor mir eine plastikflasche
in der frisch gepresste welträume sprudeln
der tag ein vollblutvakuum
ich gehe vorüber
mit knisternden venen
zeichne noch einmal den sommer
der langsamste mensch der welt
hinter mir hallen die schritte des meeres

**Volker
Friebel**

Offene Tür

Altpapier-Sammlung –
Bücher gestapelt
unter knospenden Kirschen.

Ihr Aufbruch geschieht
in den wirklichen Himmel hinein,
ihre Tür ist so groß wie die Welt,

in der ganz unten der Wind
ein paar Blätter umwendet.
Doch wo ist die Leserin?

Schritt sie über Reste von Schnee
in die Wirklichkeit? Dämmert sie
vor blauen Bildern im Zimmer zum Berg?

Kinder haben mit Kreide
ihre Welt auf das Pflaster gemalt,
sind weitergesprungen.

Amseln jubilieren,
während der Wind noch einmal
die Seiten prüft.

Michael Zoch

Goldgräber-stimmung

die straße mit dem loch im socken
der geruch aus dem innern nostalgischer schränke
ein haarriss im abspann des blutleeren raums
ich bin der mit dem schienbein
fünfzigtausend küsse tief
in deine kugelsichere nacktheit vergraben
du bist das mädchen von der datumsgrenze
und tropfst entrümpelt in die stille
auf der dunklen seite des liedes
wir sind das volt
der brandfleck im schlitzohr des heiligen geistes
und was uns lockt am ewigen nichts ist der folgende tag
freundlich wie eine handgranate
auf der stirnseite des hochgekrempelten universums
(mit dem knochenmark gedacht)

Waltraud Zechmeister

Es

Wenn es
ganz skelettiert
und durchlöchert ist
und keine Nahrung mehr
bei sich behalten kann,
dann flicke
ich notdürftig
seine Ritzen,
lege es aufs Sofa
und nähre es
mit liebender Hand.
Oder ich verklebe
die Risse in seiner
Speiseröhre
mit Silikon
und füttere es,
bis es platzt –
mein inneres Kind.

**Tanja
Leuthe**

mancherorts

herrscht permanentes Rasenmähen
bei so vielen Schrebergärten
geht dein Atem schneller
auf dem Weg zum Rewe
hat sich eins der Rudel schon
versammelt und gammelt
bis du um die Ecke

geh weiter dreh dich nicht um halt's Maul
nur diesem Rauschen im Kopf dagegen pfeifen
Mädchen die pfeifen und Hühnern die krähen
sollte man beizeiten die Hälse umdrehen
zischen beschürzte Omas hinter Gartenzäunen
abends gehen die meisten in die Hütte
saufen grölen warten
(nun ja, das ist hier so Brauch)
bis etwas Hauptsache irgendwas

eines Nachts rauchst
du hinter Scheunen
setzt sie in Brand
fliehst immer weiter
bloß weg hier bloß
nicht umdrehen bloß
immer weiter bis zur
trügerisch glitzernden
Stadt

**Corinna
Griesbach**

Ente mal ich rot Oma ist tot Puppe ist in
Tüte meine liebe Güte sind abgefallen die Füße
wickelt Mama sie in süße rosa Decke schmeißt sie weg
Oma war in Holz verpackt Puppe ist nur eingesackt
hat keine Beine mehr mir wird die Seele schwer
wo ich den Kummer trage. Wenn meine Beine nicht mehr
halten tut Mama große Tüte falten oder gräbt mich in
die Erde dass ich wie tote Oma werde. Ente mal
ich rot bin noch gar nicht tot Ente mal ich
Hütchen dran dass Mama wieder lachen kann. Hütchen
sagt sie ist zu groß nimmt mich auf ihren warmen
Schoß gibt Kuss

mutter

warum weinst du denn mutter
wir sehen doch deine tränen
bald kommt der vater nach hause mutter

du wirst sehn mutter
der vater kommt bald mutter
dann nimmt er dich in den arm
und küsst dich mutter
wie immer mutter

der vater kommt ganz bestimmt mutter
er kommt bald mutter
er hat es doch versprochen mutter

der vater steht schon draußen mutter
du hörst ihn doch mutter
er steht draußen mutter
und ruft
öffne

⟶

**Hajo
Fickus**

gestern hat er uns seine neue frau gezeigt
unsere neue mutter
sie ist schön mutter
sie ist reich mutter

willst du brot schneiden mutter
wir haben doch schon gegessen mutter
warum holst du das messer mutter

was tust du denn mutter
tu das nicht mutter
warum öffnest du denn nicht mutter
der vater ruft und ruft mutter
ruft öffne
öffne medea
was tust du denn mutter

was tust du denn mutter

Timo Krstin

keiner hat etwas gesagt, als morgens
in dem Bastkorb vor der Tür – der war für
deine Katze da – ein fetter Kater lag: die Oma
hat ihn dann gefüttert. und die Zecken aus dem Pelz gepult.
wir andern blieben stumm
und taten so, als hätten wir ihn nicht gesehn. und gingen
                                                               weiter
unsrer Arbeit nach.
ich war ja ohnehin
nur zu Besuch. das heißt, nicht sprechen müssen,
und nicht hinsehn, wie sie plötzlich wieder in den Garten ging,
dem fetten Kater nach, über den niemand
aus der Nachbarschaft Genaures wusste. manche sagten,
dass sie ihn selbst jetzt noch kaum erkennen. aus dem
höchsten Fenster schaute ich dann doch den beiden nach,
                                        und es war fast,
als wär er größer als ihr spröder Körper. wie
ein schwarzer Punkt, am Ende ihrer Sprache. und der Korb
                                                       aus Bast
war eigentlich für deine Katze da. die nicht mehr kommt.
den Einzelgängern riecht das Fremde wie der Tod.

**Timo
Krstin**

im Herbst haben sie hier
noch Most gemacht – den Geruch
fauliger Birnen zu sammeln versucht, in dem
sich der Fluch des Lebens
als Ahnung durch den Spätsommer bewegt, haben
den Kindern gezeigt, wie man zuerst
die Wespen wegfegt, die stechend an den Sommer
erinnern, bevor sie noch einmal sterben, eine
einzelne Wespe stirbt jedes Jahr, und später
wurde der sanfte Rausch
gefeiert wie ein kleiner Tod – solange bis
der erste Frost auch das älteste Frucht-
fleisch konserviert für einen weiteren Winter.
heute, erzählt man sich, trinken die meisten
ein, zwei Klare auf die Nacht,
um den Most zu vergessen und das Stechen
der Wespen am Ende des Sommers

Karolin Pfeffer

perseveration

ich rücke den tisch
        zurecht, zu recht
rücke den tisch an
        den rand, den
rand der tatsachen
        sachen zu dir, deine
bleib bei ihnen, deinen
        sachen,
hinterlasse spuren,
        schöne, als erinnerung
erinnere mich
        die kanten
des tisches, mit
        hoffnung gedeckt
                erinnere dich

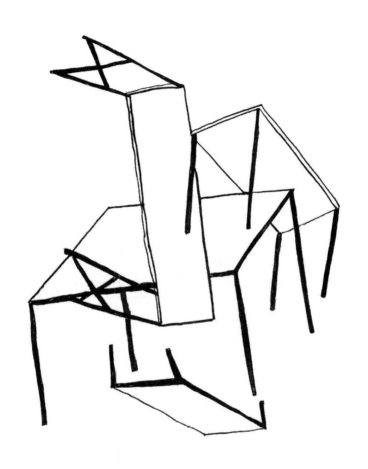

André

Andre lieben ihre Frauen,
aber, André, Du liebst Toom
oder Bauhaus. Du musst bauen,
hast das Praktikersyndrom.

Sei es Hornbach oder Obi,
Hellweg oder Hagebau.
Du hast alles schon erprobi,
beim Wort „Baumarkt" wird Dir flau.

Kriegst bei Kreuzschlitz Erektionen.
„Hilti" heißt Dein schönster Traum.
Weißt, wo Lüsterklemmen wohnen.
Suhlst Dich im Montageschaum.

Wie Du von Drainagerohren
und von Inbusschlüsseln schwärmst!
Du kannst Dich in Rage bohren,
bis Du jeden Stein erwärmst!

→

**Peter
Borjans-Heuser**

Schmirgelst Deine Tischlerplatte,
schmierst den Fuchsschwanz mit Grafit,
greifst erregt zur Konterlatte
und nimmst auch noch Kleister mit.

Scheinbar brauchst Du, André, keine
Freunde oder eine Frau,
doch da gibt's seit Kurzem eine
Hildegard bei Hagebau,

die nun schon seit sieben Tagen
Handkreissägen demonstriert
und auf Deine klugen Fragen
mit Erröten reagiert.

Bald wirst Du Dich zu ihr schrauben,
weil Du wie ein Baulicht brennst.
Und dann wird sie Dir erlauben,
dass Du sie kurz „Hilti" nennst.

die kinder
von heute

die kinder von heute
ernähren sich falsch
und verhungern dann oft
zu tausenden

die kinder von heute
sind zu unaufmerksam
und treten dann oft auf eine mine
die ihnen die beine wegreißt

die kinder von heute
sind schwächlich und verwöhnt
oft schon von geburt an
mit aids infiziert

→

**Hajo
Fickus**

die kinder von heute
haben viel zu frühen sex
aber von irgendetwas
müssen sie ja leben

die kinder von heute
sehen zu viel gewalt
wenn sie
vor die türe gehen

die kinder von heute
wählen die falschen berufe
denn kindersoldaten
haben nun wirklich keine zukunft

Nikolaus Gatter

Ende der Badesaison

Der Gabelstapler spießt
Strandkörbe auf, holt
quietschbunte Fahnen ein,
hievt sie auf Anhänger,
ruckelt als Heerwurm
zum Dünenrand. Blutig
leuchtet der Sanddorn.
Dunkles malt sich
im Watt ab, blähbäuchig
wie ein Pferdeleichnam,

während das Meer, ein
Großvater mit Fransenbart,
seine Kollektion blanker
Gemmen und Münzen
auf dem Tisch hinterließ,
Stunden später zurückkam
mit ausgreifender Schaufelhand,
Verwünschungen murmelnd,
und den Rest einsackte.

Jutta Over

sinkende pegelstände

breit spreizt der fluss noch immer zwischen wundgeleckte ufer
bleichsandige venushügel das schüttere haar stromabwärts
gekämmt
weidentriebe mit dicken treibselbandagen ein kormorangerippe

flaschendrehen in schlammiger bucht gluckern und lutschen
aus wurzelhöhlen bisam- und maulwurfsgängen im spülsaum
einzelschuhe feuerzeuge jeder couleur eine durchgerostete

hau-ab-spraydose varianten von schnapsflaschen mit und ohne
nachricht den cache finden wir auch diesmal nicht die neuen ko-
ordinaten hat der fluss irgendwo ins netz der weidezäune
gestellt

„Der **Zeit**zünder der Mörderin"
oder
„Die **Angst** der Ent**schlafen**en"
von Hol - Kop
(aus dem Zyklus: „Zeit/Geist/Erde" oder
„Was nützt dem Mann heut' ein steifer Hut?")

Wenn die Blenden der Strahlen des dämmerigen Abendlichts
zu Ende gehen
und Zwielicht sich fast entfernt,
legt sich der Horizont zur Ruhe.

Alsdann überfällt Finsternis die Erde.
Und der Zeitzünder tickt.

Die entschlafen Toten in ihren Gräbern lauschen lautlos.
Die Toten mit verschleiertem Gesicht wohnen wehrlos dem
Raub ihrer Opfergaben bei
wie Tote, die alles wollen und nichts mehr essen können.

Bewegung zuckt nur versteckt im Eck.

Die Zeit ist weg.

Alsdann verlassen die Raubkatzen ihre Höhlen.
Wer sind die Schattenwächter?
(Ticktack – weiter lautlos.)

→

**Holger
Koplin**

Sehen sie das Hören?
Oder verweilen falsche Schlangen lautlos-lustvoll zischend im
Gefängnis des Schlafs?

*Als dann alle Strahlen in der Finsternis stiller als der Erden
Dunkel ticken, züngelt eine Mörderin verführerisch in allen
Sinnen.*

– MUT TER und HU RE –
                – QUEL LE und Vers_(chw)_iegen
    Oh Nacht,
    Ohnmacht   und Verlangen –
                (So tiefdunkel die Angst.)
                    (Ticktack – immer weiter.)
Bis der Biss der Schlange auf der Zunge blutet
und die schweren Schleier entführt von Raubkatzen
                    hoch oben im Versteck der
Opfergaben leise Laut geben,
alsdann der Horizont entsteht.
    (Kein Aufstand – kein Endstand – k(l)eine Explosion.)
Die Erde lebt, und ihre Geräusche schwimmen schon
           milchweißbunt im fahlen Morgenlicht,
zu laut für das – immer weiter – aufdringlich lauernde, leise
                        fluchende Ticktack.
    (Nur Aufgang – kein Aufstand – keine Explosion.)
                Diesmal ...

Christian Hartung

GENESIS

als gott die heidelberger hauptstraße erschuf es war
am einundzwanzigsten september kurz nach fünfzehn uhr
die glocke hatte eben geschlagen mischte er einen
leichten wind mit mundharmonika und blues in den
sonnenschein trug hotpants und dreads und verschiedene
bäuche auch hüte und bärte sonnenbrillen unterschiedlicher

formen und größen kopftuch und offene lange blonde haare
ging gebeugt mit langsam verstehendem blick schlenderte
studentisch blätterte in büchern genoss großäugig seinen
schnuller balancierte sein skateboard schleckte ein eis
sprühte sich mit düften ein probierte schals blusen schmuck
taschen entschied sich dann für eine pizzazunge hüpfte

haschte den seifenblasen hinterher die der kleine bär blies
kam zur rast in ein straßencafé und betrachtete seine
menschen junge alte dicke schlanke anmutige armselige
tauschte auch einen moment mit dem hund des bettlers warf
dann ein paar münzen in dessen kaffeebecher und
verschwand wieder in den zum neckar führenden gassen

Peter Bisovsky

landschaft

das rot riecht schwer
nach überreifen tagen
verloren ging
der geschmack danach

jetzt ist die zeit des grüns
von blumenleeren wiesen
jetzt stehen schon die bäume dicht
jetzt sind die schatten neu gefaltet
und bilden stricke meinen beinen

den augen zeigt der spiegel
keine wünsche
die heimkehr findet nicht
den rechten hafen
der himmel
hat sich bunt gekleidet
er ist am horizont
auch keine hilfe
bei der suche

wenn wolken da sind
ist das schon
das zeichen einer wende
dahinter könnten menschen warten
die ebenso wie ich von gestern kommen
die ebenso wie ich vom wasser her
die ebenso wie ich von fest gefügten
räumen träumen

Markus Waldura

Vor Abend

Nun, da die Farben nicht mehr
bedrängt sind vom Licht,
atmet jede ruhig ihren eigenen
Ton, in sich schattenlos gleich,
ohne Launen, nur sachlich,
nicht dunkelnd. Baumkronen,
Dächer, gezeichnete Formen,
treten ein wenig zurück in ihren
sanft entschiedenen Grenzen,
halten gerade noch Stand,
während in Stämmen und Mauern
schon Leben hinabfährt,
die Erdenmasse des Schlafes
zu mehren, die Schwere der Hügel
unter dem leichter werdenden Tag.

**Sabine
Hennig-Vogel**

diagnose krebs

manchmal
ich weiß nicht warum
erlischt mein feuer
ich schweige
stumm
blick ich auf die welt
hernieder
ein kartenhaus
keine lieder

immer wieder
ich fühl es genau
erwacht meine lust
aus schwarz
wird grau
und sonnengelb und feuerrot
leben so bunt
lange noch
nicht tot

Martin Wolkner

Das träumende Schaf

Zusammengekauert und der Welt entrückt
liegt das Schaf inmitten seiner Herde
schlafend. Es ist von seinem Traum entzückt,
dass sich die dumme Herde ändern werde.

Es träumt von großzügigen Stallpalästen,
von Ruhm der Schafheit, Einigkeit und Recht
und freiem Futter. Wärmende Baumwollwesten
in kaltem Winter wären auch nicht schlecht.

Jedoch der Rest der Herde träumt allein
von grüner Wiese, frischem Quell, von Hirte
und Hund. Die Schafheit will behütet sein,
träumt nicht, dass sie zum Hirtenhirt mutierte.

Des Schafes Träume waren kühn, doch übertrieben,
denn Schaf bleibt Schaf, und Schafes Träume ungeschrieben.

Rüdiger Butter

Anweisung zur Zustellung eines Liebesbriefes

Nie
direkt nach Leerung des Briefkastens
einwerfen

Das Fallen
wäre zu
hart

Liebesschwur
könnte
brechen

Das Wrack

da sind sie wieder die weit geöffneten Münder
die fünf Uhr morgens noch dröhnen
wie gischt-bespritzte Schiffshupen –

zwischen den alten Stadtfassaden
laufen drei Frauen vom Stapel
fernab des sicheren Hafens
ihrer Zweck-WG
und unausweichlich
auf Rendezvouskurs

die nachtschwarz vertauten Beine
heben und senken im schwankenden Gang
und brechen genau da ein wo meine Arme
schnell ausgeworfene Rettungsanker sind

ich fange im Sturm die Wölbung ihrer Körper
und wiege sie in Sicherheit

und wenn auch alles federleicht hätte wirken können
so traf ich sie doch eher so
wie die Sektflasche den Rumpf des zu taufenden Schiffes trifft

hätt' ich's doch wissen müssen!
denn schon von weitem
erinnert das ahnungslos berechnete Wanken
das sie mir vorführt

an eine Boje im Seegang des trübsten Tages

→

**Robert
Velten**

der Kopf taumelt
ich fasse den sinkenden Rumpf erst dann
als die Wellen ihres signalgelben Kopfhaars
bereits auf den kalten Boden
der Pflastersteinstraße auflaufen

rechtzeitig genug denn ihr kaum luftschnappender Mund
bläst
schon wieder zur Abfahrt und ihre Augen sind schon weit
entfernt als sie mir zublinken

„Entschuldigung" schreibt sie auf die Fahnen ihrer
flatternden Hände

und wird fortgerissen
wie ein Plastikbecher
bei steifer Brise

Odysseus, selbst ungefesselt
bliebest Du an Deinem Mast
stehen!

Daniela Chana

Die Adoption

Eines Tages, als ich mich selbst nicht kannte,
Glitt diese Frau in meinen Spiegel
(Um dort zu bleiben)
Mit einem Affen auf der Schulter,
Bunten Nägeln und einer lustigen Frisur
Ihr Schmuck klimpert
Und ich glaube, der Affe
Wispert ihr Scherze ins Ohr
Seitdem schläft sie in meinem Bett
Mein Freund hat sie geheiratet
Und meine Eltern haben sie adoptiert

**Susanne
Mathies**

Herbstlaub

„Blätter fallen" ist der Fachausdruck,
sagst du. Man nennt es nicht verwirbeln, nicht
verwehen. Nicht segeln, entfliehen, verirren.
Blätter sinken nicht, können sich nicht
verankern. Sie lassen los
und fallen,
können nicht stürzen,
nicht fliegen,
nicht schwebend
sich verorten. Nur fallen
zu losen Blätterhaufen.

Quittengelb
schwarz gefleckt
mit Aurorarand,
fünffingrig,
siebengliedrig,
Schicht auf trügerische Schicht.

Deine Stiefelspitze stößt hinein.
Sie fallen! Ihr Wispern
das Rasseln leerer Rippen.
Altlaub. Bunter Blattabfall.

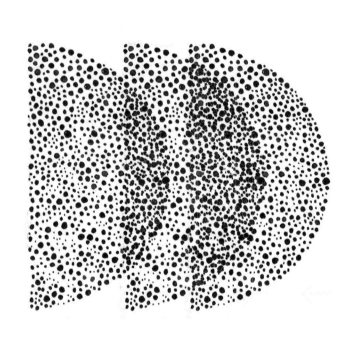

Ferenc Liebig

Sommerblässe

lächelnd beugte sie sich vor
und schob ihr weißes Kleid hoch
meine Hände folgten ihrer Landschaft
aus Versprechungen und Entschlossenheit
dann legten wir uns nieder
rissen den Himmel von der Nacht
und wickelten unsere Körper darin ein

Volker Friebel

Feierabend!

Am Bagger vorbei tragen Kinder
Steine zurück in den Bach.

Ferenc Liebig

Karges Land

Man nannte ihn den Elefantenmann,
dicke graue Haut, Segelohren, ein langer Schwanz,
der sich überall zu Hause fühlte.
Er marschierte durch die Mojave-Wüste,
Messer am Gürtel, Gewehr über Schulter,
Patronengürtel um die Brust geschnallt.
Die Alten sagten, er wäre nicht kleinzukriegen.
Klapperschlangen erwischte er im Vorbeigehen
mit einer Hand, Kakteen aß er mit Stacheln,
und selbst nach Wochen brauchte er unter der Sonne
kein Wasser. Einige meinten, er hätte keine Seele,
andere hielten ihn für die Ausgeburt des Teufels.
Dort draußen suchte er sein Herz,
erzählte mir eine zahnlose Alte, die Früchte wusch.
Ich setzte mich zu ihr,
kämmte ihr das struwwelige Haar,
zupfte ihr staubiges Kleid zurecht und
fragte sie nach seinem Grab.
Die Wüste ist sein Grab, antwortete sie
und deckte ihre Augen mit einem Fächer ab.
Da blickte ich auf diese karge Unbeugsamkeit,
und die Alte nickte und sagte mir,
dass man zur Dämmerung seine Gestalt sehen könnte.
In den Hitzewallungen der Luft.

**Andrea Gabriele
Mandl-Steurer**

mitte august

es war mitte august und
wir waren noch nicht fertig miteinander

gelb überwältigte die ersten blätter
heimlich zog wind auf und
wir warfen uns unsere liebe an den kopf

frische kühle häutete mich
der herbst knabberte an losen armen und
du warst mein größter feind

schließlich packte der sommer zusammen und
ich schrieb dich und das bisschen august ab

**Günther
Peer**

Mit dem Ende

Mit dem Ende
der Liebe
besuchten mich
die drei Könige:
die Traurigkeit,
die Stille
und die Verlassenheit.

Einer brachte
die Krone
aus Tränen,
der andere
das Schweigen in Gold
und der dritte
die bittere Erkenntnis.

… da versteckte ich mein gläsernes Herz.

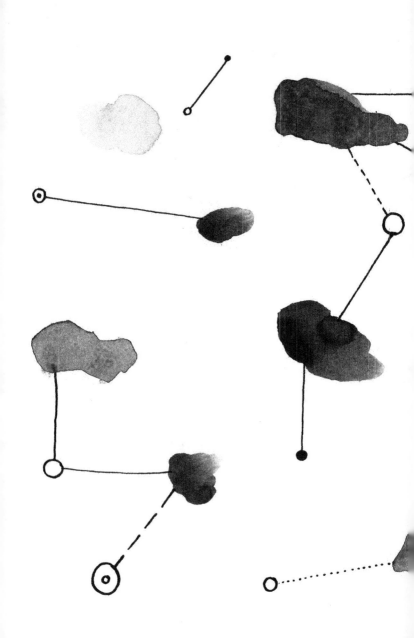

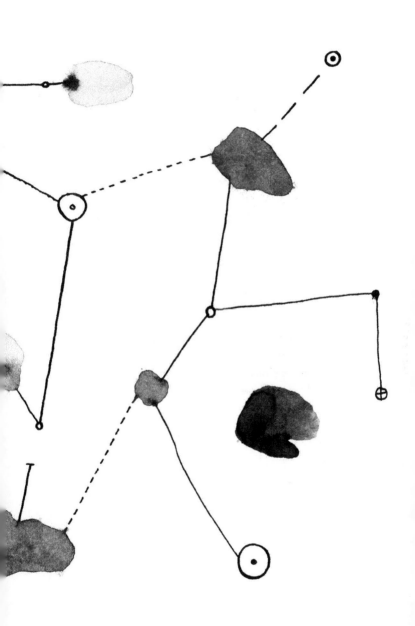

Feierabend

Wie mir selbst übrig geblieben
liege ich auf meiner zugefleckten Couch
und versuche cognacschwer,
meinen dauermontäglichen Alltag abzustreifen.
Der gelbe Hund, den einmal einer
verloren hat, schnarcht zufrieden
auf seinem ockerfarbenen Sessel.
Tief atme ich den vergangenen Tag aus
und hoffe, dass nichts mehr passiert,
dass das Telefon stumm und
der Hund taub bleibt.

Für heute werde ich meine fremden
Arme und verhassten Beine hängen lassen,
mich nicht ausziehen, werde mich
nicht mehr bewegen und der Nacht
beim Kommen zusehen –
in Begleitung der nächsten ein
oder zwei Doppelten.

⟶

**Andrea Gabriele
Mandl-Steurer**

Dann werde ich den grauen Belag
der Gleichgültigkeit genießen,
der mit dem Cognac kommt,
dem Verglühen der Vorhänge in
der Abendsonne zusehen und
genüsslich das schwere Glas
auf den dicken Teppich fallen lassen.
Ich werde alles dem Hund erzählen,
während mein Gesicht schmilzt
und die letzten Schatten an der Wand
verschwinden.

Maria
Harbich Engels

Zum Glück ist mein Boot noch dicht,
die Richtung bestimmen die Sterne.
Ich weiß, hinter Wolken schimmert ihr Licht.
Ich suche das Land in der Ferne.

Ringsum das nachtschwarze Meer
bedrängt Schiffer in anderen Nachen.
Wir rufen uns zu … Ich wünsche mir sehr,
dass wir uns teilten die Wachen.

Wir berühren uns mit den Riemen,
ich höre den hölzernen Laut.
Ach, schlügen sie wenigstens Striemen
in die vor Sehnsucht brennende Haut.

Doch der Sturm vereinzelt uns wieder,
ich trotze den Wellen allein,
auf den Lippen versunkene Lieder,
mein Herz erspäht Sternenschein.

Und da, hinter Gischt seh' ich's schimmern
und auch dort unterm salznassen Hemd.
Es schmerzt noch die Kälte im Innern,
doch wir sind uns nicht mehr so fremd.

**Thomas
Steiner**

wegwischen, die

verdrehten erinnerungen mit ihren
bizarren, grün beleuchteten einzelheiten, jacken
knöpfe, schuh bänder, behaarung

der unterarme, die glanz lichter der lippen &
deren bewegung, auf der die lichter wandern,
handgelenke
knöchel nr. 1, 2, 3, 4, die dir eigene art,

papier zu halten, die füße aufzusetzen, die hände
unbewusst zu falten oder um die faust,
die rechte stets (stimmt das?), zu fassen.
verdreht das alles,

verdreht & grün beleuchtet alles.
nur alles vergessen! weg die bilder,
wegwischen, wegwischen, weg!

**Tanja
Leuthe**

Meine geliebte Sasha
wie schamlos
liegst Du wieder
vor mir mit
so viel
Schminke
Schweiß
Sperma
auf deiner flimmernden
Haut deiner
Haut so weiß
Lippen so rot
Haar so schwarz
wie eifrig rammeln
sie stellvertretend
für mich dich
so tief wie
möglich in
alle Öffnungen
gleichzeitig hinein
bevor noch das Innere
nach außen tritt
und du mir zerfällst
in eine sich
auflösende Lichtgestalt
des wärmenden
Bildschirms

volle blüte
(orangen / akazien)

das meer ist nicht weit.
eben noch blitzte ein junge in kniestrümpfen auf,
eine fotografie, der man sich nähert. ein weiß
angezogener junge auf einem acker,
eben noch blitzte das blutorangenglas auf:
eine fotografie, man nähert sich ihr in rascher
fahrt. dann strahlt
aus dem hintergrund blass ein gemälde. ein eindruck,
ein baum entwickelt sich, und unvermittelt
hat der junge die züge einer mittdreißigerin, ein weiß
leuchtendes sommerkleid, dahinter die wolke.
das meer ist nicht weit.

aber musik? es gibt kein geräusch
außer der brandung, die frau
zwischen strandhafer und see
pflückt akazienäste, der akazienbaum eine wolke,
ganz langsam! aber

das bild entwickelt sich weiter, das blasse gemälde
wird wieder zum foto. die gerbstoffe heilen nicht;
eben noch blitzte es auf: das kleid der frau auf der düne
hat hässliche flecken.

**Lisa-Marie
Kuich**

VISIONEN II

CATULL AM VENEZIANISCHEN UFER:
ROSE AUS JERICHO MIT BLAUEN PERLEN;
SEINE HELDEN KENNEN KEINE EINBAHNGASSEN –
NUR DIE FREMDE, IN DER MAN SICH
FINDET,

IN DER WASSER AUS DEN TÜREN
                                              TRITT,
IN DER MÄNNER BLUMEN PFLÜCKEN
UND HELDEN DER MODERNE SIND;

WIE OFT ERFINDET DIE ZEIT
AM GRUND ERSOFFENE DICHTER
MIT EINEM STÜCK GEGENWARTSLITERATUR
AUF BLECHERNEN DOSEN,
DEREN KNACKEN NUR KINDER
HÖREN.

Möwen

Schöner und schlichter
sind sie versammelt

Den Rasen betreten sie

      ohne Schuhe
      ohne Furcht

      ohne Ruf
      ohne Ziel

fahren sie auf

stehn im steilen Wind

      ohne Dank
      ohne Gruß

reiten fort in wildem Vergessen

      niemands Herr
      niemands Knecht

⟶

**Hedy
Sadoc**

         leichter Abschied
         leichte Wiederkehr

Weich und wartend die Erde
unter ihrem zärtlichen Fuß

             ohne Furcht
             ohne Stiefel

waten sie

             ohne Segel

setzen sie
über den See

Lukas Jan Reinhard

Der Meister der Angst

zählt im Vorhof Soldaten

Er ist da
Er ist da
Er wohnt in unseren Rücken

Wo wir auch gehen
Wo wir auch stehen
Jede Hand die wir schütteln
Jedes Wort das wir sprechen
Jeden Satz den wir denken
Jeden Wunsch den wir senden
Jeden Tag den wir beginnen

Wir warten auf seine Stimme

Irgendwann
Irgendwo

Seinen Atem
An unserem Ohr

Nennt er die Zahl

Auch wir sind jetzt sein

**Walter
Eichmann**

Erstens
Zweitens
Drittens

Erste Hilfe
Zweite Klasse
Dritte Welt

Erster Sieger
Zweiter Weltkrieg
Dritter Oktober

Erste Reihe
Zweites Programm
Dritter Rang

Erste Liebe
Zweite Jugend
Dritte Wahl

Erstbesteigung
Zweitfrau
Dritte Zähne

Letzte Ölung

Annika Ganter

Kassandra

Rabenschwarze Hände
verkohlt von der Zeit
die niemals verstreicht.

Ich liebe dich Kassandra
und doch – lass mich gehen
lass mich los aus der Umklammerung die Liebe heißt
und nicht endet wo das Leben endet.
Wärst du eine Taube ich würde dich dulden.
Doch so schwärzt du mir noch den hellsten Tag
und ich sehe dich – vor jeden Theatervorhang schiebst du dich
vor die Leinwand im Kino auf mein Frühstücksbrot legst du dich
...
Asche klebt mir am Gaumen.

Fensterfluten allerorten
können das Gefühl der Dunkelheit nicht ausschalten
die du mir auferlegst.
Es ist still hier
keiner reißt an mir
an meiner inneren Netzhaut die nur Sensoren für deine
Nähe hat.
Die Weiße ihrer Mäntel befleckst du mit Ruß
und wenn ich je eine ihrer Fragen verstehen sollte
schneidest du mir das Wort im Munde zu Stummeln.
Sie betäuben mich und ich schlafe wie ein Engel
nur um in deinen Rabenklauen zu erwachen
und doch Kassandra – verlass mich nicht!

**Simone
Kremsberger**

Wienclip

Zum Punkmix aus dem iPod
im Sauseschritt durch die Stadt

Die Läufer sind Statisten
Die Gassen sind Kulissen

Und ich spiele mich selber
im Vienna-Video

Ein Haus hat einen Haken
Die Mauer schmückt ein Schuh

Daneben lädt ein Keller
von Jesusfreaks zum Prayer

Und ein nachterprobter Sprayer
sprühte einmal STOP CONTROL

Lukas Jan Reinhard

An einem Tische

Auge in Aug' gegenüber,
sprang uns schier zu,
was dein Herz und mein Herz nicht fasste.

Die tränenbenetzte Decke
– Ich rieche noch das Salz deiner ungeweinten Worte. –,
die ich mit Schlaf über dich gab, hier
liege ich jetzt.
Die Hand überm Auge und den Blick in die Wunden,
spüre ich die Zeit, als du Wir warst, Gegangene,
und gedenke der neuen Tiefe
zwischen dir und mir und dem Funken, der wachte,

als wir den Stein ins Unfassbare rückten.

Anhang

Dank

Gedankt wird in erster Linie den mehr als einhundert Lyrikerinnen und Lyrikern (auch denen, die letztendlich nicht mit ihren Gedichten in dieser Anthologie vertreten sind), die im ersten Auswahlschritt ihre besten Gedichte eingesandt und dann im dritten hunderte anderer Gedichte gelesen und bewertet haben.

Gedankt wird der Jury für ihre ehrenamtliche Unterstützung. Trotz knapp bemessener Zeit hat jedes ihrer Mitglieder im vierten Auswahlschritt einhundert vorausgewählte Gedichte gelesen und für die Endauswahl bewertet. Besonderer Dank gilt dem inzwischen überraschend verstorbenen Aphoristiker Prof. Dr. Karl Brose.

Gedankt wird außerdem Sandra Uschtrin vom Uschtrin Verlag für den Hinweis in ihrem Newsletter, durch den tausende Autorinnen und Autoren auf das Projekt aufmerksam wurden, sowie den zeitweise ehrenamtlich tätigen Webprogrammierern Julian Cordes und Marc Saleiko. Last but not least wird Florentine Heimbucher gedankt für die wunderbare Gestaltung des Buches und Eyk Henze von der eD[ITION]. CeTeRa, der sehr viel Arbeit in das Projekt gesteckt hat.

Das besondere Auswahlverfahren

Das Besondere an *Gedichte von jetzt* ist das Auswahlkonzept. Aus Tausenden Gedichten wurden in einem quasi objektiven Verfahren die 50 besten Gedichte ausgewählt – anonym und durch ein mehrstufiges Filtersystem, an dem auch eine renommierte Jury beteiligt war. Die Jury bestand nicht wie üblich aus wenigen Personen mit ähnlicher Karriere, sondern aus sieben Menschen mit sehr unterschiedlichen Hintergründen.

Die qualitative Auswahl der Jury wurde durch Verfahrensschritte ergänzt, die Faktoren wie die Popularität unter den anderen teilnehmenden Autorinnen und Autoren sowie deren Engagement für ihre eigenen Gedichte berücksichtigten. Alles mittels eines mathematischen Verfahrens und in einem bestmöglich gegenüber Vorurteilen abgeschotteten Umfeld. Auf diese Weise wurde der Fokus auf die „objektive" Qualität der Gedichte gelegt. Junge deutschsprachige Dichterinnen und Dichter hatten die gleichen Chancen wie bereits renommierte. Dank der Unterstützung Sandra Uschtrins und ihres Newsletters erreichten die Aufrufe zum Wettbewerb mehrere Tausend Abonnentinnen und Abonnenten und uns Aberhunderte ihrer Gedichte.

Bei jedem Schritt des Auswahlverfahrens sammelten sie Punkte, wobei die Wertung durch die Jury den größten Einfluss hatte. Die gegenseitige Bewertung der in vier Gruppen aufgeteilten Lyrikerinnen und Lyriker floss maßgeblich in das Endergebnis ein. Geringen Einfluss hatten sie zudem selbst auf die Bewertung ihrer Texte, denn:

1. Je früher die Gedichte eingesandt wurden, desto stärker war davon auszugehen, dass die jeweilige Verfasserin oder der jeweilige Verfasser aktiv und regelmäßig nach Möglichkeiten sucht, ihre/seine Gedichte zu veröffentlichen.

2. Je weniger der maximal drei erlaubten Gedichte pro Autorin bzw. Autor eingesandt wurden, desto bewusster ist tendenziell ihre/seine Vorauswahl gewesen und desto höher die eigene Wertschätzung der selbst ausgesuchten Texte.

Alle eingesandten Gedichte wurden in vier Tranchen aufgeteilt. Die insgesamt 120 Lyrikerinnen und Lyriker wurden ebenfalls in vier Gruppen eingeteilt. Jeder Autor, jede Autorin erhielt ein Viertel der Gedichte zur Bewertung als entweder „lesenswert" (0 Punkte), „beachtlich" (1 Punkt) bzw. mit der Empfehlung „Gedicht veröffentlichen" (2 Punkte).

Anschließend wurden die 100 höchstbewerteten Gedichte der Jury zur selben Einschätzung vorgelegt.

Autorinnen, Autoren und Jury waren in ihrer Wertung frei. Sie beurteilten die Texte unbeeinflusst von anderen Meinungen und ohne Kenntnis des Verfassers oder der Verfasserin nach eigenem Ermessen. Folgende Kriterien, deren Erfüllung es lyrischen Texten im Allgemeinen leichter macht, Beachtung zu finden, wurden jedoch im Vorfeld auf der Website www.lyrikprojekt.de als Richtschnur bekannt gegeben.

→

1. Originalität der Sprache
2. Vielschichtigkeit, Mehrdeutigkeit
3. Bezugstiefe, kulturelle Anschlussfähigkeit
4. Hohe Sprach-„Dichte"
5. Ungebrochene Rhythmik, eingängige Sprachmelodie
6. Refrainartige Prosodie und Lautmalerei
7. Freimütiges Spiel mit inhaltlichen Reizen und Stilmitteln
8. Gefühlsintensität oder intellektuelle Raffinesse
9. Zusammenwirken von Sprachform und Inhalt
10. Neuheit, Ungewöhnlichkeit der Perspektive
11. Zeitgeistnähe

So konnten sich beispielsweise weder sehr epigonale Gedichte qualifizieren noch solche, in denen ein bereichsfremdes Sendungsbewusstsein das dichterische Interesse augenscheinlich dominierte.

Die Vielzahl der Bewertungen sowie die Anonymität der Autorinnen und Autoren gewährleistete weitgehende Objektivität des Auswahlverfahrens.

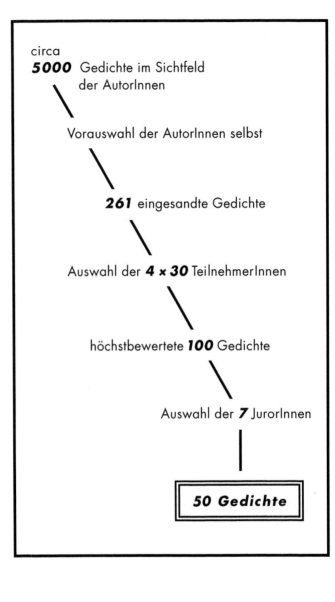

Die Autoren

Ackermann
Esther
20

Crauss
81

Griesbach
Corinna
40

Becker
Dirk-Uwe
30

Decker
Horst
19

Harbich Engels
Maria
78

Bisovsky
Peter
59

Eichmann
Walter
87

Hartung
Christian
58

Borjans-Heuser
Peter
18 | 24 | 48

Fickus
Hajo
42 | 50

Hennig-Vogel
Sabine
61

Busse
Gabriele
22

Friebel
Volker
35 | 70

Koplin
Holger
54

Butter
Rüdiger
63

Ganter
Annika
88

Kremsberger
Simone
89

Chana
Daniela
66

Gatter
Nikolaus
52

Krstin
Timo
44 | 45

Kube	Over	Velten
Hans-Werner	Jutta	Robert
17	53	64

Kuich	Peer	Waldura
Lisa-Marie	Günther	Markus
83	73	60

Leuthe	Pfeffer	Wolkner
Tanja	Karolin	Martin
39	80	46	62

Liebig	Reinhard	Zechmeister
Ferenc	Lukas Jan	Waltraud
69	71	86	91	38

Mandl-Steurer	Sadoc	Zoch
Andrea Gabriele	Hedy	Michael
72	76	84	34	37

Mathies
Susanne
67

Stauner
Michael
32

Matuszczyk
Sonja
28

Steiner
Thomas
79

Die Jury

Prof. Dr. Karl Brose, Studium der Germanistik, Geschichte, Pädagogik und Philosophie in Frankfurt und Wien, Promotion zum Dr. phil. und Staatsexamina in Frankfurt, Habilitation zum Thema Sprachspiel und Kindersprache. Hochschullehrer und Aphoristiker. Zahlreiche Veröffentlichungen zu Nietzsche und Wittgenstein, jüngste Publikationen: *Berliner Aphorismen, 2 Bde.*

Christian Kudras, Jahrgang 1977, Doktorand, lebt und arbeitet in Hamburg als Liedermacher, Musiker und Lehrer in der privilegierten Situation, junge Menschen mithilfe der Literatur und Musik bei ihren Veränderungen zu begleiten – sich selbst nicht ausgenommen –, getreu Robert Musils Erkenntnis: „Was bleibt von der Kunst? Wir als Geänderte bleiben!"

Stephan Wolfert, M.A., Germanist und ausgebildeter Redakteur, arbeitet als Pressesprecher beim Westfälisch-Lippischen Landwirtschaftsverband. Mit journalistischem Blick geht der Coesfelder durch die Welt, immer auf der Suche nach dem, was dahinter steckt, und mit der Frage, was es bedeuten mag. Frei nach Eichendorff schläft eine Geschichte in allen Dingen, die da träumen fort und fort.

Taeyoung Lee, B.A. und M.A. in Germanistik, Doktorandin der Erziehungswissenschaft an der Universität Münster und Übersetzerin. Die deutschen Frühexpressionisten wie Georg Heym, Gottfried Benn und Georg Trakl haben sie von Südkorea nach Deutschland geführt.

Mirko Schombert, Studium der Theater-, Politik- und Medienwissenschaft in Bochum, Leiter des Kinder- und Jugendtheaters am Staatstheater Mainz. Seit der Schulzeit Schauspieler und Regisseur an verschiedenen Bühnen. In seiner theaterpädagogischen Arbeit mit Jugendlichen und jungen Erwachsenen ist niemals große Kunst das Ziel, sondern die Entdeckung einer persönlichen Alltagspoesie. Und immer wieder: Scheitern als Chance.

René Steinberg, prominenter Radio- und Livekabarettist. Seine Stimme erklingt nahezu täglich bei WDR 2, 1LIVE oder WDR 5. Im heimischen Studiokabuff schreibt, spricht und produziert er Radio-Comedys wie *Die von der Leyens* oder *Sarko de Funes*. Aus seiner Feder stammt *Frittieren mit Calmund*. Er ist samstagabends beim satirischen Wochenrückblick *Zugabe* auf WDR 2 zu hören und bei zahlreichen Auftritten vor Publikum live zu erleben.

Martin W. Richter, M.A., arbeitet als Lektor in einem Wissenschaftsverlag und betreut Buchprojekte aus den Bereichen Soziologie sowie Pädagogik. Neben eigenen Publikationen hat er u. a. bei der Veröffentlichung diverser Lyrikbände mitgewirkt.

Die Wertungen

Die folgende Tabelle erklärt die Punktevergabe anhand von drei Beispielfällen.

Bereich	Kriterium	Fälle (günstig bis ungünstig)			Gewichtung
		erste 40	zweite 40	letzte 40	
Engagement des Autors	Einsendezeitpunkt				
	Punkte pro Gedicht	4	2	0	2,7%
	Anzahl der eingesandten Gedichte	1	2	3	
	Punkte pro Gedicht	4	2	0	2,7%
Wirkung auf den Leser	Gesamtpunkte der Autoren	120/4×2	120/4×1	120/4×0	
	Punkte pro Gedicht	60	30	0	40,5%
	Gesamtpunkte der Jury	7×2×5	7×1×5	7×0×4	
	Punkte pro Gedicht	70	35	0	54,1%
	Gesamt	Max	/	Min	
	Punkte pro Gedicht	138	69	0	100%
	Potenzialausschöpfung	100%	50%	0%	

In der ersten Spalte ist der bestmögliche Fall dargestellt, bei dem ein Gedicht mit der maximalen Punktzahl bewertet wurde: Der Autor sandte frühzeitig nur ein Gedicht, wodurch es die höchste Anzahl Ausgleichspunkte erhielt. (Im Gegensatz zu einem Autor, dem es selbst schwerfiel, sich zu entscheiden, und deshalb zwei oder drei Gedichte einreichte.) Das machte insgesamt jedoch nur 8 Punkte aus. Sehr viel bedeutender war die Wertung der anderen Autoren. Diese wurden in vier Gruppen zu je 30 Personen eingeteilt. Eine Wertung betrug pro Person und Gedicht entweder 0, 1 oder 2 Punkte. Insgesamt waren hierbei also bestenfalls 60 Punkte zu erreichen. Die Stimme der Jury hatte eine fünffache Gewichtung. Bei sieben Juroren konnten demnach im besten Falle 70 Punkte erlangt werden (7 x 5 x 2). Die Punkte aus den drei Kategorien wurden zu einer Summe addiert, woraus sich eine Maximalpunktzahl von 138 ergab. Die Spalten rechts daneben stellen einen durchschnittlichen und einen Minimalfall dar.

Daraus ergeben sich folgende Wertungen der Gedichte:

→

Lyriker/-in	Gedichttitel/-anfang	Ausgleichs-punkte	Leser-wertung	Jury-punkte	Gesamt-punkte	Seite
Hans-Werner Kube	bin ich	4	30	55	89	17
Peter Borjans-Heuser	Malte	4	31	50	85	18
Horst Decker	Justitia	6	33	45	84	19
Esther Ackermann	Sternstunden	2	36	45	83	20
Gabriele Busse	mai	2	36	45	83	22
Peter Borjans-Heuser	Joachims Hose	4	28	50	82	24
Sonja Matuszczyk	Penelope, oder: Der letzte Mensch	4	33	45	82	28
Dirk-Uwe Becker	sommernachtstraum	0	33	47,5	80,5	30
Michael Stauner	Poesie-Piraterie	6	22	50	78	32
Michael Zoch	Stand Jetzt	4	34	40	78	34
Volker Friebel	Offene Tür	2	30	45	77	35
Michael Zoch	Goldgräberstimmung	4	28	45	77	37
Waltraud Zechmeister	Es	6	23	47,5	76,5	38
Tanja Leuthe	mancherorts	4	26	45	75	39
Corinna Griesbach	Ente mal ich rot Oma ist tot Puppe ist in	4	26	45	75	40
Hajo Fickus	mutter	2	33	40	75	42
Timo Krstin	keiner hat etwas gesagt	4	31	40	75	44

Timo Krstin	im Herbst haben	4	41	30	75	45
Karolin Pfeffer	perseveration	0	34	40	74	46
Peter Borjans-Heuser	André	4	30	40	74	48
Hajo Fickus	die kinder von heute	2	36	35	73	50
Nikolaus Gatter	Ende der Badesaison	0	37	35	72	52
Jutta Over	sinkende pegelstände	2	35	35	72	53
Holger Koplin	„Der Zeitzünder der Mörderin" […]	8	23	40	71	54
Christian Hartung	GENESIS	2	29	40	71	58
Peter Bisovsky	landschaft	4	41	25	70	59
Markus Waldura	Vor Abend	4	40	25	69	60
Sabine Hennig-Vogel	diagnose krebs	0	33	35	68	61
Martin Wolkner	Das träumende Schaf	4	23	40	67	62
Rüdiger Butter	Anweisung zur Zustellung eines Liebesbriefes	4	33	30	67	63
Robert Velten	Das Wrack	4	33	30	67	64
Daniela Chana	Die Adoption	6	36	25	67	66
Susanne Mathies	Herbstlaub	0	39	27,5	66,5	67
Ferenc Liebig	Sommerblässe	2	39	25	66	69
Volker Friebel	Feierabend!	2	31	32,5	65,5	70
Ferenc Liebig	Karges Land	2	28	35	65	71
Andrea Gabriele Mandl-Steurer	mitte august	2	42	20	64	72

Lyriker/-in	Gedichttitel/-anfang	Ausgleichs-punkte	Leser-wertung	Jury-punkte	Gesamt-punkte	Seite
Günther Peer	Mit dem Ende	2	31	30	63	73
Andrea Gabriele Mandl-Steurer	Feierabend	4	34	25	63	76
Maria Harbich Engels	Zum Glück ist mein Boot noch dicht	4	23	35	62	78
Thomas Steiner	wegwischen, die	4	28	30	62	79
Tanja Leuthe	Meine geliebte Sasha	4	26	30	60	80
Crauss	volle blüte	4	26	30	60	81
Lisa-Marie Kuich	VISIONEN II	6	23	30	59	83
Hedy Sadoc	Möwen	2	32	25	59	84
Lukas Jan Reinhard	Der Meister der Angst	4	30	25	59	86
Walter Eichmann	Erstens Zweitens Drittens	0	39	20	59	87
Annika Ganter	Kassandra	2	26	30	58	88
Simone Kremsberger	Wienclip	8	25	25	58	89
Lukas Jan Reinhard	An einem Tische	4	29	25	58	91

Die Herausgeber

Dr. Robert Velten, Studium der Philosophie, Germanistik, Kunstgeschichte, Soziologie und Volkswirtschaftslehre. Autor, Hochschullehrer und Unternehmer. Er liebt Lyrik, seit er als Kind sein erstes Goethe-Gedicht gehört hat.

Sarah Chiyad, B. A., Studium der Germanistik und Anglistik an der Universität Münster. Leiterin eines studentischen Literaturkreises. Sie unterstützte bei der Verlagsfindung und beim Publikationsprozess.